# 褚士瑩說話課
# 練習本

## 開始練習之前　使用說明

**1** 你不用勉強一次做完所有練習，試著安排一個月做一次，或者時間許可一個月做兩堂練習也很好。

**2** 找一個安靜的場所與時間，比較可以讓自己集中精神做練習。

**3** 有困難時請對照《企鵝都比你有特色》書中內容，參考作者的精神與想法。

**4** 所有練習都自己先做一次，而後再掃描QRcode，聽聽作者褚士瑩如何建議。

**5** 在練習中有任何疑問或心得，歡迎分享留言到「褚士瑩期間限定讀書會」，讓作者與讀書會的同好一起來回饋你的疑問或感想！

**6** 最後祝你收穫滿滿，成為一個有特色的人。

## 練習一 你是個有特色的人嗎？

### Part 1
想一想，你是個有特色的人嗎？

□有，我的特色是……

□沒有，我是個沒有特色的人。為什麼這樣認為呢？

## Part 2

 思考時間

你認為「特色」是什麼？

在你眼中，誰是「有特色的人」？為什麼會覺得他們有特色呢？

## 練習二　別人覺得你有什麼特色？

**Part 1**

褚士瑩說：「每個人說覺得我特別的地方，都是因為跟他們身邊常見的人不一樣。」

現在問問五個身邊的人，可以是同事或朋友，甚至是討厭你的人，你的前男女朋友。

詢問他們：「一想到我，你會想到什麼？」

_____會想到：

_____會想到：

_____會想到：

_____會想到：

_____會想到：

 思考時間

在別人眼中的自己，與你自認為的樣子，有什麼差異嗎？

在別人眼中，有你自己不喜歡的特色嗎？

## 練習三 寫下屬於自己的故事！

### Part 1

現在，你已經知道自己在他人眼中的樣子了，在每一個特色背後，都有產生這個特色的原因，這些原因就是屬於你自己的故事！

現在來思考看看，為什麼在他人的眼裡，你會有這些特色？

1.

2.

3.

4.

5.

## Part 2

 思考時間

從自己的故事中，尋找自己的「關鍵句」，一說出來就可以吸引他人的注意力！

你認為寫下自己的故事很困難嗎？為什麼？

# 練習四 錄下你的聲音

## Part 1
請朗讀書中P65-P67頁，並將自己朗讀的聲音錄下來！
聽聽自己朗讀的錄音，在以下表格中，圈選屬於自己的聲音特質。

| | |
|---|---|
| **說話的聲音** | 低沉　中等　高音　像小孩的聲音<br>溫柔的聲音　其他： |
| **說話的速度** | 超快　快　中等　慢　超慢 |
| **說話的頓點** | 遇到標點符號　　字跟字中間<br>唸錯字的時候　　其他： |
| **說話的語氣** | 有高低起伏　　平穩　　有氣音<br>其他： |
| **喜歡的地方** | |
| **不喜歡的地方** | |

## Part 2
掃描QRcode聽聽褚士瑩怎麼說？

---

聽聽褚士瑩的QRcode，你認為褚士瑩的聲音有什麼特點
呢？

---

你有特別喜歡哪個人的聲音嗎？為什麼喜歡？

---

# 練習五 讓別人聽聽你的聲音

## Part 1
找一位熟悉的家人或朋友，朗讀書中P65-P67頁給他聽，並請他圈選你的聲音特質。

| | |
|---|---|
| **說話的聲音** | 低沉　中等　高音　像小孩的聲音<br>溫柔的聲音　其他： |
| **說話的速度** | 超快　快　中等　慢　超慢 |
| **說話的頓點** | 遇到標點符號　　字跟字中間<br>唸錯字的時候　　其他： |
| **說話的語氣** | 有高低起伏　　平穩　　有氣音<br>其他： |
| **喜歡的地方** | |
| **不喜歡的地方** | |

## Part 2

 思考時間

比較看看，他人認為你的聲音特質，跟自己認為的聲音特質有什麼不同？

寫出自己跟他人「不喜歡」的聲音特質，想一想可以怎麼改善呢？

## 練習六 幫你自己錄影吧！

### Part 1

將練習二中你寫下的其中一則故事，對著鏡頭說一次，錄下自己的樣子。

觀察自己在影片中的模樣！寫在下面的表格中。

| | |
|---|---|
| 用什麼表情說話 | |
| 眼神都往哪裡看 | |
| 說話時的肢體動作 | |
| 使用的慣用詞 | |
| 喜歡的地方 | |
| 不喜歡的地方 | |

## Part 2
掃描QRcode聽聽褚士瑩怎麼說？

**思考時間**

你有欣賞的演說家，或者喜歡的TED演講影片嗎？他們有哪些特點吸引你呢？

在你的身邊，有誰說話充滿魅力呢？他說話有什麼特點嗎？

## 練習七 看著他人眼睛說故事

**Part 1**

看著他人眼睛說話，對你來說是件容易的事情嗎？
現在找一位身邊的家人、朋友，看著他們的眼睛，
說說自己的故事吧！

說故事前，先在下方寫下自己故事，讓說話更順
暢！

## Part 2
掃描QRcode聽聽褚士瑩怎麼說？

 **思考時間**

看著他人的眼睛說話，你有什麼感受呢？是件容易的事情嗎？

當你看著他人眼睛說話的時候，他人聽你說話的樣子和平常有不同的地方嗎？

## 練習八 玩遊戲！觀察身邊小事物！

### Part 1
玩遊戲也可以練習說話！找朋友一起玩遊戲吧！

___

**遊戲規則**

1.找一到兩個朋友，一起回憶「今天從起床到出門前」
這段時間做了什麼事。

2.每個人的說話時間為三分鐘（要計時喲！）

**分享的過程中，有沒有什麼有趣的發現呢？記錄下來吧！**

## Part 2
掃描QRcode聽聽褚士瑩怎麼說？

思考時間

在玩遊戲的時候，一定回想起許多生活中的小細節吧！
有什麼細節你認為特別有趣呢？

跟自己再玩一次遊戲，試著回想前一個小時裡，你做了
什麼事情，並寫下來！

## 練習九　你會跟家人聊天嗎？

### Part 1

現在，約一位家人聊聊天！跟親近的人說話，其實比跟陌生人說話還不容易，尤其在長大之後與家人的互動反而變少了，約出與自己最少聊天的家人說說話吧！

在聊天前，你可以先思考……

---

跟家人可以聊些什麼話題？你可以問家人哪些問題呢？

你有想過父母的童年是什麼樣子嗎？

媽媽年輕的時候都穿什麼衣服？爸爸是不是也有過叛逆期？兄弟姊妹平常最大的興趣是什麼？

**試著寫下對家人的好奇吧！並抱著熱情跟家人聊天！**

## Part 2
掃描QRcode聽聽褚士瑩怎麼說？

 **思考時間**

跟家人聊天之間，有遇到什麼困難嗎？

寫下這次跟家人聊天的新發現吧！

## 練習十 任何人都可以採訪

### Part 1

採訪一位你有興趣的人吧！例如身旁的朋友、不熟
悉的朋友，甚至是常光顧的店家老闆！
在訪問之前，先為這次的採訪做準備！

1.我的採訪對象：_____

2.採訪對象有什麼特點：

3.我要採訪的問題：

## Part 2
掃描QRcode聽聽褚士瑩怎麼說？

思考時間

採訪中，有遇到什麼困難嗎？你怎麼解決呢？

訪問結束後，你一定更了解你的採訪對象了！寫出你的
採訪心得。

## 屬於自己的重點整理！

　　成為一位「零落差」的溝通者，並成為一位有特色的人，需要不斷的練習、思考，並且了解自己。

　　現在讓我們複習書中每一課的課程內容，寫下每一課的課程重點，統整「自己學到了什麼」！

### 第一課

你認為傾聽是什麼？（參考書中P29-P30頁）

_____

如何問出「有趣的問題」？（參考書中P28-P29頁）

_____

## 重點整理

第二課

「辯論」和「發言」有什麼不同？（參考書中P47頁）

_____

褚士瑩所列出「八個發言技巧」哪一個你印象最深
刻？（參考書中P50-P62頁）

_____

# 重點整理

## 第三課

你的聲音有什麼特色？（參考練習本 第一、二堂練習）

_____

有哪一位大眾人物的聲音令你印象深刻？為什麼？

（參考書中P72-P76頁）

_____

# 重點整理

## 第四課

你認為一個人說話的「聲音」跟「內容」哪一個比較重要？（參考書中P89-P91頁）

_____

你認為「完美無瑕」存在嗎？（參考書中P97-P98頁）

_____

# 重點整理

## 第五課

為什麼褚士瑩說：「演講絕對不要用PPT。」？

（參考書中P105-P109頁）

_____

如何勾勒出Mental picture：具體畫面？

（參考書中P122-P123頁）

_____

# 重點整理

## 第六課

如何橫越與他人的「鴻溝」？（參考書中P138-P139頁）

褚士瑩如何邀請對方一起思考？

（參考書中P146-P147頁）

# 重點整理

## 第七課

為什麼我們要知道自己的說話目的？

（參考書中P162-P164頁）

該如何說話才能達到目的？（參考書中P164-P165頁）

# 重點整理

第八課

該如何與最在乎的人說話？（參考書中P184-P187頁）

_____


為什麼要「記錄」我們與家人的談話？

（參考書中P186-P187頁）

_____

# 重點整理

## 第九課

「衝突」對你而言是什麼？

衝突一定是負面的嗎？（參考書中P200-P201頁）

## 重點整理

第十課

你認為「國際觀」是什麼？（參考書中P210-P212頁）

_____

你對褚士瑩在國際職場所秉持的「八不原則」哪一項最印象深刻？（參考書中P212-P223頁）

_____

# 褚士瑩說話課練習本

出　版　者｜大田出版有限公司
　　　　　　台北市 10445 中山北路二段 26 巷 2 號 2 樓
E－m a i l｜titan3@ms22.hinet.net　http：//www.titan3.com.tw
編輯部專線｜（02）2562-1383　傳真：（02）2581-8761
　　　　　　【如果您對本書或本出版公司有任何意見，歡迎來電】

總　編　輯｜莊培園
副 總 編 輯｜蔡鳳儀　編輯｜陳映璇

大田出版 FB　褚士瑩期間限定
　　　　　　　　讀書會